MAESTRO DE MARIONETAS

ÉL TIENE CUERDAS EN CADA ASPECTO DE TU VIDA Y HACE QUE TODO OBRE PARA BIEN

JA PÉREZ

Maestro de Marionetas: *Él tiene cuerdas en cada aspecto de tu vida y hace que todo obre para bien*

Nota gramatical: El autor ha usado mayúsculas en el uso de "SU", "TU" (en las dos letras) y "Él" (en la primera letra) cuanto estos son usados en referencia a Dios.

Keen Sight Books

Puede encontrarnos en la red en: www.KeenSightBooks.com
Reportar errores de imprenta a errata@keensightbooks.com

ISBN: 978-0692287330

Printed in the U.S.A.

este libro es dedicado a Samuel, Jesse y Amy
...mis hijos y gran tesoro.

agradecimientos

A mi Dios, por todo. A mi esposa e hijos, quienes

pacientemente me prestan de su tiempo para escribir.

A mi equipo por su ardua labor en todo trabajo literario.

A mi madre por su ayuda en las correcciones al manuscrito.

A Link, nuestro hermoso gato que fielmente me acompaña

mientras escribo.

Contents

Bendito sea el Dios y Padre de nuestro Señor Jesucristo, que nos bendijo con toda bendición espiritual en los lugares celestiales en Cristo, según nos escogió en Él antes de la fundación del mundo, para que fuésemos santos y sin mancha delante de Él, en amor habiéndonos predestinado para ser adoptados hijos suyos por medio de Jesucristo, según el puro afecto de SU voluntad, para alabanza de la gloria de su gracia, con la cual nos hizo aceptos en el Amado, en quien tenemos redención por SU sangre, el perdón de pecados según las riquezas de SU gracia, que hizo sobreabundar para con nosotros en toda sabiduría e inteligencia, dándonos a conocer el misterio de SU voluntad, según SU beneplácito, el cual se había propuesto en sí mismo, de reunir todas las cosas en Cristo, en la dispensación del cumplimiento de los tiempos, así las que están en los cielos, como las que están en la tierra. En él asimismo tuvimos herencia, habiendo sido predestinados conforme al propósito del que hace todas las cosas según el designio de SU voluntad, a fin de que seamos para alabanza de SU gloria, nosotros los que primeramente esperábamos en Cristo.

—Efesios 1:3-12

No importa cuan bueno seas en lo que hagas, o cuan grande don tengas o cuantas personas te aplaudan cuando terminas tu espectáculo. Ellos ven delante de sus ojos la marioneta, pero si miran hacia arriba, pronto se darán cuenta que tu eres solo un instrumento... una marioneta sostenida por cuerdas.

Capítulo 1

Teatro de Marionetas

Antes que existieran las redes sociales y los juegos electrónicos, los niños solían ir al circo o la feria cuando estos pasaban por el pueblo.

En la feria, habían exhibiciones. Animales extraños, calabazas gigantes, carrousel con caballitos de madera, el cuarto de los espejos y la enorme rueda de la fortuna. Era muy divertido para mis hermanos y para mi que nuestro padre nos llevara a la feria. Siempre pasábamos un tiempo increíble, y los recuerdos abundan hasta hoy —varias décadas después.

Muchas cosas me llamaban la atención en la feria, pero había una exhibición que siempre me llamó la atención por encima de las muchas otras atracciones.

Se trataba del teatro de marionetas.

Recuerdo la emoción de todos los niños del barrio, minutos antes de que comenzara el espectáculo.

De pronto se encendía el reflector que apuntaba al centro del escenario. Se abrían las cortinas y postradas en el piso aparecían las marionetas. Como si estuvieran durmiendo, inanimadas, con la frente al suelo.

De repente, la música comenzaba a sonar, y como si espíritu hubiese entrado en ellas... las hermosas marionetas saltaban y comenzaban a moverse. Títeres con hermosas vestiduras y singular expresión en cada uno de sus rostros. Los hermosos pequeños personajes habían tomado vida. Éstos bailaban, saltaban, y luego se desarrollaba un interesante drama —a veces algo violento o con un poco de tristeza.

Estas marionetas comunicaban un mensaje, y los niños eran cautivados y movidos por las emociones que proyectaban estos pequeños actores de madera y tela.

Todos aplaudíamos, gritábamos, y participábamos del drama, y cuando terminaba el espectáculo, nos poníamos de pie y repetíamos una ovación de aplausos a las marionetas que nos habían entretenido por un rato.

Todos aplaudíamos a las marionetas, pero todos sabíamos que si mirábamos hacia arriba, ahí estaba el Maestro de las marionetas.

Separados del Maestro, nada podemos hacer

Él es quien hacía mover las marionetas, Él les daba vida y las animaba.

No importa cuan bueno seas en lo que hagas, o cuan grande don tengas o cuantas personas te aplaudan cuando terminas tu espectáculo. Ellos ven delante de sus ojos la marioneta, pero si miran hacia arriba, pronto se darán cuenta que tu eres solo un instrumento... una marioneta sostenida por cuerdas.

Si Dios no ordena las cosas en los cielos, tu no puedes hacer nada en la tierra.

Jesús dijo:

> *Yo soy la vid, vosotros los pámpanos; el que permanece en mí, y yo en Él, éste lleva mucho fruto; porque separados de mí nada podéis hacer. Juan 15:5*

Así es. Separados de Él nada podemos hacer.

No es nuestro espectáculo. No es nuestro don. No son nuestros estudios o nuestras habilidades.

Es Dios quien hace a la marioneta. Él es quien te elige y quien te manipula como Él quiere.

Más adelante en ese mismo capítulo Él dice:

> *No me elegisteis vosotros a mí, sino que yo os elegí a vosotros, y os he puesto para que vayáis y llevéis fruto, y vuestro fruto permanezca; para que todo lo que pidiereis al Padre en mi nombre, Él os lo dé. Juan 15:16*

Él es el Maestro de marionetas. Él dice cuando comienza y cuando termina el espectáculo.

Dios es soberano y puede orquestar todos nuestros asuntos conforme al antojo de SU santa voluntad —pero todo es para nuestro bien.

Capítulo 2

Todo lo que Dios hace es un diseño

Dios ha determinado el final desde antes del principio.

Él hace que todas los cosas obren para bien.

> *Y sabemos que a los que aman a Dios, todas las cosas les ayudan a bien, esto es, a los que conforme a SU propósito son llamados.*
> *Romanos 8:28*

Dios es soberano y puede orquestar todos nuestros asuntos conforme al antojo de su santa voluntad—pero todo es para nuestro bien.

Te he dado la tierra para poseerla

Dios le dijo a Josué:

> *Yo os he entregado, como lo había dicho a Moisés, todo lugar que pisare la planta de vuestro pie...*
> *Josué 1:3*

Ya te la dí. Pero debes tomarla.

Y lo que sucederá es que aun cuando tengas que luchar para

obtener aquello que ya es tuyo, lo harás con gran certeza, y cuando ya lo poseas, no te atreverás a decir que tu lo hiciste, pues es Dios quien ya te había dicho de antemano que te lo habia entregado.

En todo lo que tiene que ver con predestinación, siempre Dios se llevará toda la gloria, pues ese es el supremo propósito de su diseño.

Dios hará todo "según el puro afecto de su voluntad[1]" y "para alabanza de la gloria de su gracia[2]". En otras palabras, "lo hace porque Él quiere, y es para Él".

En versículo 4 de ese mismo capítulo, Dios le da a Josué las especificaciones de su plan.

> *Desde el desierto y el Líbano hasta el gran río Eufrates, toda la tierra de los heteos hasta el gran mar donde se pone el sol, será vuestro territorio. Josué 1:4*

Sin embargo, aunque ya es seguro que esa tierra ha sido entregada, Dios hace al hombre partícipe de su plan. Aunque ese plan ha sido predestinado, el hombre deberá hacer algo.

> *Esfuérzate y sé valiente; porque tú repartirás a este pueblo por heredad la tierra de la cual juré a sus padres que la daría a ellos... Josué 1:4*

Así es también con la salvación.

Ya te elegí. Pero debes creer. Debes creer y confesar a Cristo como Señor y Salvador de tu vida.

Usted confesará a Cristo como Señor y Salvador de su vida. Usted creerá que Dios Padre le levantó de los muertos.

> ...que si confesares con tu boca que Jesús es el Señor, y creyeres en tu corazón que Dios le levantó de los muertos, serás salvo.
> *Romanos 10:9*

Aunque Dios te conoce desde antes (Romanos 8:29), es en el momento en que crees, que eres sellado con su Espíritu.

> ... y habiendo creído en Él, fuisteis sellados con el Espíritu Santo de la promesa... *Efesios 1:13*

Es preciso que creas y confieses para que seas salvo, sin embargo, no es tu confesión o tu fe lo que te salva.

Ya Dios te había llamado eficazmente por su Espíritu.

> ...quien nos salvó y llamó con llamamiento santo, no conforme a nuestras obras, sino según el propósito suyo y la gracia que nos fue dada en Cristo Jesús antes de los tiempos de los siglos...
> *2 Timoteo 1:9*

Él fue quien te llamó y te trajo, y la gloria será toda para Él.

Te salvó "según el puro afecto de SU voluntad[3]" y lo hizo "para alabanza de la gloria de SU gracia[4]".

Es por Él y para Él.

Así es con la mayor parte de las cosas que pedimos. Ya Dios

nos las ha entregado, sin embargo debemos de creer y caminar como que son nuestras hasta que las veamos realizadas.

De la misma manera en que Josué entró a la tierra con un plan ya determinado de cual sería el resultado de su fe, así también Dios no permite que la victoria dependa de tu habilidad o fuerza, sino de lo que ya Él ordenó de antemano. Esto te trae paz.

Capítulo 3

Reposados en su plan

Reposa porque el Maestro te hizo Acepto.

Esta es posiblemente la diferencia más visible entre Gracia y Religión.

La religión te enseña a trabajar duro para ver si Dios te acepta.

Gracia dice:

...para alabanza de la gloria de su gracia, con la cual nos hizo aceptos en el Amado...
Ef 1:6

Ya fuiste aceptado por Dios. Dios ya ordenó eso desde antes. Entonces debemos caminar conforme a lo que Dios ya ha ordenado.

Buscar aceptación (sea de Dios o de hombres) es algo que trae gran inseguridad. Nunca tienes la certeza de haberlo alcanzado. Es seguro saber que ya hemos sido aceptados por Dios. Ahí termina la frustración y comienza la paz.

Cuando un hijo o hija de Dios trabaja duro para conseguir que Dios le acepte, siempre estará frustrado(a), pues nunca tendrás la certeza, la seguridad de que tus obras hayan sido agradables a Él.

Te tengo buenas noticias.

Tus obras ya son agradables a Dios.

> *Anda, y come tu pan con gozo, y bebe tu vino con alegre corazón; porque tus obras ya son agradables a Dios. Eclesiastés 9:7*

Cuando creísteis en Cristo ya fuiste aceptado por Dios.

Te repito aquí el texto. Grábalo en tu mente. Guardalo en tu corazón.

> *...para alabanza de la gloria de SU gracia, con la cual nos hizo aceptos en el Amado... Ef 1:6*

No fueron tus esfuerzos los que hicieron que Dios te aceptara o te salvara. Fue su amor.

Dios te ha amado tanto, que Él hizo todo el sacrificio necesario para reconciliarte consigo mismo.

Fue por gracia.

> *Porque por gracia sois salvos por medio de la fe; y esto no de vosotros, pues es don de Dios... Efesios 2:8*

Sabiendo que ya Dios te salvó y te aceptó, entonces puedes

entrar en el reposo. Puedes estar confiado(a), pues esa obra ya está completa.

Solo necesitas creer que ya Él lo hizo por ti.

> *Pero los que hemos creído entramos en el reposo... Hebreos 4:3*

Reposa porque Dios ha pre-ordenado un plan.

Si Dios no pre-ordena las cosas, entonces sería como ir a la guerra sin un plan.

Se imagina si Dios le hubiera dicho a Josué: *"Dependerá de tus fuerzas y tus habilidades... en ti reposa el futuro de Israel"*. ¿Se imagina? ¡Que incertidumbre avanzar con un futuro incierto!

Pero no es así. De la misma manera en que Josué entró a la tierra con un plan ya determinado de cual sería el resultado de su fe, así también Dios no permite que la victoria dependa de tu habilidad o fuerza, sino de lo que ya Él ordenó de antemano. Esto te trae paz.

Hace unos años, cuando yo pastoreaba en San Diego, se me acercó un pastor que estaba muy triste y desanimado.

La razón de su desánimo era que varios miembros habían abandonado su iglesia siguiendo a un predicador nuevo que había llegado a la ciudad. El hombre se sentía culpable y me decía: *"No se que hice mal"*.

Su rostro mostró una gran sorpresa cuando le dije: "No te

preocupes, esas ovejas que se fueron, jamás fueron tuyas".

¿Cómo sabe usted eso? —preguntó.

Dios no te las había dado. Las que Él te dió a ti a pastorear, jamás se irán tras otra persona, y nada las puede mover.

Mis ovejas oyen mi voz, y yo las conozco, y me siguen, y yo les doy vida eterna; y no perecerán jamás, ni nadie las arrebatará de mi mano. Mi Padre que me las dio, es mayor que todos, y nadie las puede arrebatar de la mano de mi Padre. Juan 10:27-29

Para empezar, las ovejas no son nuestras. Nosotros no fuimos a la cruz por ellas.

Y sí. Dios nos hace cargo de un rebaño[5] al cual debemos cuidar, pero ese rebaño local ya ha sido ordenado, y si entiendes este concepto, tendrás paz.

Si alguien te deja y se va, es porque eso ya estaba ordenado. Da gracias a Dios que se fue. Despidelo en amor y sin resentimiento.

Esto lo podemos hacer cuando estamos reposados en el plan de Dios, quien ha diseñado todas las cosas.

Si tu tratas de hacer algo para retener a esa oveja, perderás tu paz. Comenzarás a tratar de agradar a esa persona buscando su aceptación, querrás que te quiera y apruebe.

Pero amado(a), eso solo te traerá descontento y frustración.

Quien no te quiere, no te querrá. Tu no puedes obligar a alguien a que cambie su opinión acerca de ti[6].

Quien te acepta, te acepta, y quien no, pues no.

Que bueno que Dios nos aceptó, y que eso era un plan ya determinado desde antes y que nada lo puede cambiar.

Su amor y aceptación es incondicional, y en esto tenemos paz.

Tenemos reposo porque fuimos aceptados por Dios y porque estamos dentro de SU plan. Gloria a Dios.

Él ha comenzado todo. El Maestro nos amó primero.

En esto consiste el amor: no en que nosotros hayamos amado a Dios, sino en que Él nos amó a nosotros, y envió a su Hijo en propiciación por nuestros pecados. 1 Juan 4:10

La ordenación que viene de Dios es un evento predestinado. Dios te conoce desde antes, te separa, y te ordena; y esto lo hace por el "puro afecto de SU voluntad".

Capítulo 4

Separados para Él

Antes que te formase en el vientre te conocí, y
antes que nacieses te santifiqué, te di por profeta
a las naciones. Jeremías 1:5

La traducción King James dice: *"Te ordené por profeta a las naciones"* (I ordained thee a prophet unto the nations).

Todo está ordenado por Dios, y mientras más rápido entendamos esto, más rápido tendremos paz.

Los hombres acá en la tierra, tenemos una obsesión con esto de la ordenación. Para estar en el ministerio necesitas estar ordenado. O sea, necesitas tener un papel que acredite que estás autorizado para oficiar sacramentos y ceremonias como lo son el matrimonio y enterrar muertos.

Para obtener esta *"ordenación"*, la persona tendrá que ir a un seminario, prepararse, y ya que esté listo(a) y llene los requisitos, los ancianos u oficiales le impondrán las manos y le certificarán la ordenación.

Todo eso está muy bien, excepto que hay personas que

han sido *"ordenadas"* por los hombres, pero que Dios no ha llamado al ministerio. De la misma manera, hay personas que han sido separadas y ordenadas por Dios, y no poseen un papel que lo acredite.

¿Cual es más importante?

Ciertamente yo fui al seminario y me preparé, y siempre le digo a quienes entreno que se preparen bien. Es necesario que estemos bien equipados y con profundo conocimiento de las escrituras.

Pablo le da este consejo a Timoteo, y de paso a todo obrero del Evangelio:

> *Procura con diligencia presentarte a Dios aprobado, como obrero que no tiene de qué avergonzarse, que usa bien la palabra de verdad.*
> *2 Timoteo 2:15*

También es importante tener credenciales, y todo tipo de diploma y certificación. Estos serán de mucha ayuda cuando te presentes delante de los reyes de la tierra.

Sin embargo, tener un papel no quiere decir que Dios te ha ordenado.

La ordenación que viene de Dios es un evento predestinado. Dios te conoce desde antes, te separa, y te ordena; y esto lo hace por el *"puro afecto de SU voluntad"*.

> *Porque a los que antes conoció, también los predestinó para que fuesen hechos conformes a la*

imagen de su Hijo, para que Él sea el primogénito entre muchos hermanos. Romanos 8:29

Santificados

Uno de los errores más graves que oigo muy a menudo desde púlpitos es el presentar la obra de *"santificación"* que Dios hace en nosotros, como un trabajo que depende de nuestros esfuerzos.

De hecho, santificación es sinónimo de ascetismos[7] en muchos círculos cristianos. De acuerdo a estas escuelas, tu *"trabajas"* tu *"santificación"*.

Por ejemplo. En algunos círculos, "santificarte" significa, solo oir música cristiana, (para la mujer) no usar maquillaje, orar cierta impuesta cantidad de horas, etc...

Estas prácticas normistas, pudieran ser inofensivas —y en la opinión de algunos... buenas— no vamos a debatir eso en este libro. Lo que sí puedo asegurar es que ni estas prácticas, ni aun el ejercicio de ciertas disciplinas cristianas, tienen algo que ver con *"santificación"*.

"Santificación" es una obra comenzada por Dios (no nosotros) y esta obra es declarada *"en"* nosotros mucho aun antes que hagamos algo.

Es necesario decir que la mayor parte de eruditos y teólogos cristianos coinciden en que hay un *"continuo trabajo de santificación"* que sucede en la vida del cristiano una vez que ha creído en Cristo[8]. Proceso (camino a la perfección) que incluye obediencia y crecimiento[9] —hasta que lleguemos a "la medida de la estatura de la plenitud de Cristo"[10].

Sin embargo, esta obra de *"santificación"* es comenzada por Dios y no por nosotros. En *"posición"*, esa obra ha sido perfeccionada, de la misma manera que ya Dios nos ve *"limpios y sin mancha"*, aunque nosotros sabemos que en el presente en nuestra *"condición"*, tengamos que todavía luchar con este cuerpo de humillación.

Note en el siguiente texto que Cristo se ofreció por aquellos que ya el ha declarado *"santificados"*.

> *...porque con una sola ofrenda hizo perfectos para siempre a los santificados. Hebreos 10:14*

Leamos de nuevo la segunda parte del versículo que usamos al principio de este capítulo...

> *...y antes que nacieses te santifiqué, te di por profeta a las naciones. Jeremías 1:5b*

Vemos en ese texto que la obra de santificación ocurrió antes de que hubiera nacido el profeta.

Santificación significa *"ser apartado para Dios"*.

Santificación, Santificar. Este sustantivo y el verbo correspondiente, derivados del latín sanctus, 'santo', y facere, 'hacer', se traduce del hebreo *"adsû"* y el griego *"hagiasmos"* (hagiazoμ).

El sentido básico de la raíz hebrea *"qdsû"* se indica diversamente como *"colocar aparte"*[11].

Hemos sido apartados para (santificados por) Dios. Y aunque continuamos "santificandonos" separandonos cada día más para Él, debemos estar conscientes y seguros de que ya Dios nos ha apartado para Él, de la misma manera que lo hizo con Jeremías.

Dios hará que las situaciones en tu vida de desobediencia te hagan regresar a Él. Por eso es que la mayoría de nosotros necesitamos crisis y situaciones en nuestras vidas que nos lleven al punto donde no tendremos salida. Tendremos que venir corriendo a Él para alcanzar misericordia.

Capítulo 5

Según el designio de SU voluntad

En Él asimismo tuvimos herencia, habiendo sido
predestinados conforme al propósito del que
hace todas las cosas según el designio de SU
voluntad... Efesios 1:11

Dios no necesita consultar con hombre para mover cosas en los cielos o en la tierra.

Venga TU reino. Hágase TU voluntad, como en
el cielo, así también en la tierra.
Mateo 6:10

En la tierra las cosas se ordenan de la manera en que Dios las decide en el cielo.

Libre Albedrío

Cuando hablamos sobre los temas de predestinación y la soberanía de Dios, posiblemente la mayor objeción es el asunto del libre albedrío.

He oído a personas y ministros decir frases como *"no somos marionetas, Dios nos dio un libre albedrío".*

Sí. Dios le dio a nuestro padre Adán la libertad de escoger entre el bien y el mal, y Adán escogió desobedecer.

Y esa es la historia con el ser humano. Cuando se trata de nosotros, siempre escogemos hacer lo malo, y eso es por la naturaleza pecaminosa que tenemos desde el Eden.

Como está escrito: No hay justo, ni aun uno; No hay quien entienda, No hay quien busque a Dios. Todos se desviaron, a una se hicieron inútiles; No hay quien haga lo bueno, no hay ni siquiera uno. Romanos 3:10-12

El hijo pródigo tuvo la libertad de tomar la parte de la herencia que le pertenecía y marcharse.

También dijo: Un hombre tenía dos hijos; y el menor de ellos dijo a su padre: Padre, dame la parte de los bienes que me corresponde; y les repartió los bienes. Lucas 15:11,12

Nosotros también, tenemos la libertad de hacer decisiones, pero al igual que el hijo pródigo, nuestra naturaleza nos hace querer desobedecer y si nos encaprichamos en hacer nuestra voluntad —al igual que el hijo pródigo— terminaremos deseando comer con los cerdos.

No muchos días después, juntándolo todo el hijo menor, se fue lejos a una provincia apartada; y allí desperdició sus bienes viviendo perdidamente. Y cuando todo lo hubo malgastado, vino una gran hambre en aquella provincia, y comenzó a faltarle. Y fue y se arrimó a uno de los ciudadanos de aquella tierra, el cual le envió a su hacienda para que apacentase cerdos. Y deseaba llenar su vientre de las algarrobas que comían los cerdos, pero nadie le daba. Lucas 15:13-16

La buena noticia es que el hijo pródigo llegó a una situación en la que no le quedó otro remedio que *"regresar"* a su padre, y es ahí precisamente donde está la mano de Dios.

Y volviendo en sí, dijo: ¡Cuántos jornaleros en casa de mi padre tienen abundancia de pan, y yo aquí perezco de hambre! Me levantaré e iré a mi padre, y le diré: Padre, he pecado contra el cielo y contra ti. Ya no soy digno de ser llamado tu hijo; hazme como a uno de tus jornaleros. Y levantándose, vino a su padre. Y cuando aún estaba lejos, lo vio su padre, y fue movido a misericordia, y corrió, y se echó sobre su cuello, y le besó. Lucas 15:17-20

Dios hará que las situaciones en tu vida de desobediencia te hagan regresar a Él. Por eso es que la mayoría de nosotros necesitamos crisis y situaciones en nuestras vidas que nos lleven al punto donde no tendremos salida. Tendremos que venir corriendo a Él para alcanzar misericordia.

Al final, el hijo pródigo siempre regresará a casa aunque llegue todavía oliendo a cerdos, y Jonas irá a Nínive aunque llegue oliendo a vómitos.

Sí, intentaremos hacer nuestra voluntad, pero el pez nos vomitará en la dirección que Dios quiere.

Dios pudiera atraer Él solo, a aquellos quienes eficazmente Él llama por SU Espíritu. Sin embargo, Él nos involucra a nosotros en ese trabajo de reconciliación.

Capítulo 6

Dios con nosotros

Dios es soberano, y Él hará lo que va a hacer. Lo puede hacer solo, pero Él ha decidido trabajar con nosotros.

En el evangelismo, Dios pudiera atraer Él solo, a aquellos quienes eficazmente Él llama por SU Espíritu. Sin embargo, Él nos involucra a nosotros en ese trabajo de reconciliación.

> ...que Dios estaba en Cristo reconciliando consigo al mundo, no tomándoles en cuenta a los hombres sus pecados, y nos encargó a nosotros la palabra de la reconciliación...
> 2 Corintios 5:19

Hambre y Pobreza

Esta ha sido una constante objeción no solo de parte de los ateos, también de aquellos que dentro de la iglesia continuamente anuncian que *"el hombre está en control de su destino"*.

Ellos dicen: *"Si Dios está en control, ¿por qué permite que gente se muera de hambre y tanta pobreza en el mundo?"*

Pienso que Dios nos hará a nosotros la misma pregunta: ¿Por qué permitimos que haya tanta pobreza?

Tu quieres que Dios haga, pero Dios trabaja por medio de ti. Él te ha equipado para ministrar a los necesitados. Es SU voluntad que tu lo hagas.

Cuando sirves a necesitados, lo estás haciendo para el Señor.

> *Porque tuve hambre, y me disteis de comer; tuve sed, y me disteis de beber; fui forastero, y me recogisteis... Mateo 25:35*

Desastres

¿Por qué permite Dios desastres, si Él está en control?

> *Porque sabemos que toda la creación gime a una, y a una está con dolores de parto hasta ahora... Romanos 8:22*

Por causa de la desobediencia del hombre, aun la creación sufre.

La buena noticia es que Dios ha decretado el futuro de esta creación. En el verso anterior leemos:

> *...porque también la creación misma será libertada de la esclavitud de corrupción, a la libertad gloriosa de los hijos de Dios. Romanos 8:21*

Esa es la voluntad de Dios, Él ha predestinado lo que sucederá con esta creación y nada ni nadie puede cambiar eso. Dios está en control.

Sin embargo, los desastres son momentos en los que nosotros, los hijos de Dios, podemos mostrar compasión con los dañados, podemos mostrar a muchos que aun cuando en esta tierra pasan cosas malas, existe un Dios bueno que les ama y tiene un plan eterno para sus vidas, mucho más allá de esta tierra.

Es más facil si —en lugar de cuestionar a Dios— dejar que Él nos use. Yo quiero que Él tenga control de mi vida, quiero ser su marioneta, y que Él controle las cuerdas.

Si me rebelo y no quiero que Dios tenga control de mi vida (para hacer mi voluntad), Él lo hará de todas formas. Iremos a Nínive (como Jonás), nos sentaremos en la mesa del banquete (como el hijo pródigo). La cuestión es si entramos por nuestros propios pies o si llegamos vomitados por un pez u oliendo a cerdos.

No importa cuantas veces hayas quedado en el piso, solo o sola en el silencio, en la soledad y el cansancio. El Maestro siempre recogerá a su marioneta. Le cuidará con delicadeza, pues eres de Él.

Capítulo 7

Se cierra el telón

Pensarías que los momentos más felices de tu vida es cuando eres usado por Dios. O el momento de reconocimiento, cuando tus logros son mencionados delante de tus compañeros y estos aplauden con admiración. Cuando cantas delante de la audiencia y ellos sienten la presencia de Dios. Cuando anuncias las buenas nuevas y muchas almas son tocadas e impactadas por el mensaje.

Estos podrán ser buenos momentos, pero no el momento mejor.

Cuando se apagan las luces

Despues que ha terminado el evento, cuando todos se fueron a casa y de nuevo se apagaron las luces de los reflectores... ahí, cuando quedaste postrado en el piso del escenario, solo, cansado y con pocas fuerzas... ese es el momento cuando el Maestro extiende su mano para recoger del suelo a su marioneta.

Es cuando el Maestro ministra íntimamente a su marioneta.

Cuando nadie está mirando, cuando han cesado los aplausos, cuando no hay mucha luz... el Maestro reparará a su criatura.

No importa cuantas veces hayas quedado en el piso, solo o sola en el silencio, en la soledad y el cansancio. El Maestro siempre recogerá a su marioneta. Le cuidará con delicadeza, pues eres de Él.

> *...No temas, porque yo te redimí; te puse nombre,*
> *mío eres tú. Isaías 43:1*

Cuando para la música

Las luces de los reflectores permanecen apagadas. El espectáculo de marionetas ha terminado por hoy. La cortina se ha cerrado y ya no hay gente.

Ya no se oye la música y las marionetas ahora han de permanecer en el silencio.

Ciertamente Él cuida a sus marionetas, las repara, y les da color a las hermosas facciones de sus caras alegrando delicadamente sus rostros, pero por largos ratos entre espectáculo y espectáculo, las marionetas experimentan mucho silencio.

Largos ratos de silencio

Quizá estés atravesando situaciones en tu vida por las cuales has orado repetidas veces, pero no parece que el Maestro te esté escuchando. Aflicciones y pruebas que se han extendido al punto de la desesperación y necesitas dirección de Dios, un milagro, una respuesta, pero no oyes la voz del Maestro.

O es posible que has estado pasando un larga temporada en la que Dios parece estar lejos de tí—una extendida sequía.

Y esto es agravado además por los cristianos que te rodean los cuales parecen tener una línea directa con Dios todo el tiempo.

A éstos, Dios les está encontrando espacios de estacionamiento, les ayuda a prevenir accidentes, prácticamente les da una lista de "revelaciones" todas las semanas y aparentemente tienen café con Jesús cada mañana.

Tu frustración puede haber crecido al punto de haber dejado de orar... después de todo, si Él está tan ocupado encontrando espacios de estacionamiento a otros, tal vez no tenga tiempo para prestar atención a la aflicción de tu corazón. ¿Cierto?

Estoy seguro que Dios SI te está oyendo, pero simplemente ha decidido hacer silencio.

¿Y para qué?

¿Será que está esperando que te santifiques más, que seas más obediente?

¿Te está aplicando la ley del hielo para manipularte a hacer lo que Él quiere —como hacen acá en la tierra los humanos cuando te quieren obligar a que cedas a su voluntad?

O... está Dios por encima de todo eso, siendo que es un Dios soberano quien ha decidido amarte y salvarte aun cuando eras rebelde y no le buscabas.

Ciertamente dice la Biblia:

> *No hay quien busque a Dios. Todos se desviaron, a una se hicieron inútiles; No hay quien haga lo bueno, no hay ni siquiera uno. Rom 3:11,12*

Entonces tu esfuerzo en buscarle o no buscarle no es el factor que ha determinado tu relación con Él.

Él te salvó cuando no le buscabas.

Él comenzó esa relación y te dió favor aun cuando estabas muerto(a) en tus delitos y pecados.

> *Y Él os dio vida a vosotros, cuando estabais muertos en vuestros delitos y pecados... Efesios 2:1*
>
> *E Isaías dice resueltamente: Fui hallado de los que no me buscaban; Me manifesté a los que no preguntaban por mí. Romanos 10:20*

Entonces. Si Dios te halló sin tu esfuerzo, te salvó sin tus obras y sin tu obediencia, pues ciertamente fue por SU obediencia que entraste en relación con Él...

> *Porque así como por la desobediencia de un hombre los muchos fueron constituidos pecadores, así también por la obediencia de uno, los muchos serán constituidos justos. Romanos 5:19*

¿A qué se debe el silencio? ¿Qué quiere el Maestro de ti?

O... Quizá, no quiere nada, y sin embargo permite esta estación de silencio para que aprecies más cuando venga la estación de refrescamiento y abundancia de palabra.

¿Será que el Maestro permite el silencio para que agradezcas más cuando de nuevo escuches SU voz?

En realidad no lo sé. No entiendo el porqué de su silencio.

No tengo respuesta...

Lo que sí sé es lo siguiente:

Tu relación con el Maestro NO depende de lo que tu sientas, incluyendo SU presencia.

CS Lewis dijo que *"a pesar de que nuestros sentimientos van y vienen, el amor de Dios por nosotros no"*.

SU amor es seguro.

Hombres de fe han experimentado SU silencio

Job experimentó SU silencio. Lo mismo Abraham cuando éste planeaba sacrificar a Isaac. La Biblia no registra que Dios habló para confortar a José en la cárcel, ni a Juan el Bautista antes de su decapitación.

La presencia exterior

Aunque *"en nuestro interior"* SU presencia parezca lejana, y estemos experimentando silencio en varias áreas de nuestra vida donde no tenemos dirección, pruebas que se han alargado, y estaciones que parecen no tener fin, Dios está presente *"en nuestro exterior"*, solo tenemos que mirar.

Él está presente en la creación

> *Los cielos cuentan la gloria de Dios, Y el firmamento anuncia la obra de SUS manos.*
> Salmos 19:1

Mira fuera de tí. Observa a Dios trabajando en todo lo que se mueve a tu alrededor. Aunque esto no sea algo muy personal, notarás que Dios no se ha mudado.

Por Él existen todas las cosas.

Él está presente en la predicación

> *Yo te he invocado, por cuanto TÚ me oirás, oh Dios; Inclina a mí TU oído, escucha mi palabra.*
> Salmos 17:6

Cuando SU palabra es expuesta, Dios está hablando.

Escucha y presta atención cuando el predicador habla. El mensajero puede ser usado aun sin darse cuenta.

Él está presente en SU palabra

> *Santifícalos en TU verdad; TU palabra es verdad.*
> Juan 17:17

Quizá tu no lo sientas y Él parezca lejos. Pero SU palabra es segura.

Muévete por lo que está escrito.

Haz como Pedro, echa la red por SU palabra.

> *Respondiendo Simón, le dijo: Maestro, toda la noche hemos estado trabajando, y nada hemos pescado; mas en TU palabra echaré la red.*
> *Lucas 5:5*

En el silencio se camina por Fe

Cuando Dios hace silencio, debemos caminar por la última cosa que le oímos decir... debemos caminar por fe.

Cuando fue la última vez que Dios te habló. ¿Recuerdas?

En tu conversación con Dios, es posible que Él fue el último que habló. Ahora te toca hablar a tí.

O simplemente, caminar apoyándote en lo que ya sabes que es seguro, lo que está escrito.

Eso es andar for Fe.

Señor, *"En TU palabra echaré la red...(Lucas 5:5)"*

> *...porque por fe andamos, no por vista...*
> *2 Corintios 5:7*

Amada marioneta, confía que el Maestro está contigo, simplemente porque Él dijo que no te dejaría.

He estado en un cuarto de reunión con personas importantes. A veces, los que pudieran tener la mejor opinión en una reunión, no hablan. Permanecen en silencio. Están en silencio, pero están presentes en la reunión. Tomando nota, observando todo lo que se dice y todo lo que pasa. El que estén en silencio no quiere decir que no estén ahí.

Él es el que hace que tus manos se levanten, Él es quien te da fuerzas para caminar y está detrás de cada uno de tus movimientos.

Capítulo 8

Cuerdas

Aun cuando el Maestro hace silencio, Él está ahí, al tanto de sus marionetas.

El Maestro tiene el poder de halar las cuerdas conforme a su antojo.

Jehová mata, y él da vida; Él hace descender al Seol, y hace subir. Jehová empobrece, y Él enriquece; Abate, y enaltece. Él levanta del polvo al pobre, Y del muladar exalta al menesteroso, Para hacerle sentarse con príncipes y heredar un sitio de honor. Porque de Jehová son las columnas de la tierra, Y Él afirmó sobre ellas el mundo. 1 Samuel 2:6-8

Cuerdas sobre tu vida

En áreas de tu vida que parecieran estar fuera de control... Él tiene una cuerda en cada una de tus coyunturas.

Él es el que hace que tus manos se levanten, Él es quien te da fuerzas para caminar y está detrás de cada uno de tus movimientos.

Pues aun los cabellos de vuestra cabeza están todos contados. Lucas 12:7

Por Jehová son ordenados los pasos del hombre... Salmos 37:23

Cuerdas sobre toda la creación

Tuya es, oh Jehová, la magnificencia y el poder, la gloria, la victoria y el honor; porque todas las cosas que están en los cielos y en la tierra son tuyas. Tuyo, oh Jehová, es el reino, y TÚ eres excelso sobre todos. Las riquezas y la gloria proceden de ti, y TÚ dominas sobre todo; en TU mano está la fuerza y el poder, y en TU mano el hacer grande y el dar poder a todos. 1 Crónicas 29:11-12

Porque mía es toda bestia del bosque, Y los millares de animales en los collados. Conozco a todas las aves de los montes, Y todo lo que se mueve en los campos me pertenece. Salmos 50:10-11

El Maestro tiene cuerdas sobre todo este espectáculo. Sobre toda su creación.

Cuerdas sobre reyes y príncipes

El Maestro tiene cuerdas sobre reyes y príncipes, sobre los gobernantes, líderes y dignatarios de las naciones.

Como los repartimientos de las aguas, Así está el corazón del rey en la mano de Jehová; A todo lo que quiere lo inclina. Proverbios 21:1

Cuerdas sobre tus enemigos

No te preocupes por aquellos que te persiguen, aquellos que te difaman, y tratan de hacerte daño.

El Maestro, tiene cuerdas sobre cada uno de ellos, y hará su espectáculo delante de todos.

Aderezas mesa delante de mí en presencia de mis angustiadores... Salmos 23:5

Cuerdas de influencia

Puertas que no se abren, promociones que están detenidas. Negocios en los cuales necesitas que alguien de influencia hale las cuerdas por tí.

El Maestro de marionetas tiene influencia para halar toda cuerda necesaria, pero por supuesto, Él está en control, y solamente habrá de halar las cuerdas que Él quiere.

La marioneta jamás podrá decirle al Maestro cuáles cuerdas halar.

Quiero ser su marioneta

Saber que el Maestro está en control de las cuerdas, me trae mucha paz. El Maestro es sabio, es amor, y sabe como manejar el espectáculo de mi vida. Él sabe que cuerdas halar y cuando hacerlo, y siempre tendré presente que por tanto que aplaudan aquellos que han asistido al evento, en realidad el aplauso no es para mi... es para Aquél que creó y da vida a su marioneta.

El Altísimo, Señor del cielo y de la tierra, tiene poder ilimitado para hacer lo que haya resuelto. Al ser absolutamente independiente, Dios hace lo que le place. Nadie puede disuadirlo, nadie puede obstaculizarlo.

Postdata

Suplemento Teológico

(Doctrinas que apoyan los principios tocados en los capítulos anteriores).

Soberanía de Dios - ¿Qué es?

La soberanía de Dios[12] representa la capacidad de poner en práctica SU santa voluntad o supremacía. El Altísimo, Señor del cielo y de la tierra, tiene poder ilimitado para hacer lo que haya resuelto. Al ser absolutamente independiente, Dios hace lo que le place. Nadie puede disuadirlo, nadie puede obstaculizarlo.

En Su Palabra, Dios declara:

> *Yo soy Dios, y no hay otro Dios; y nada hay semejante a mí... que digo: Mi consejo permanecerá, y haré todo lo que quiero.*
> *Isaías 46:9-10*

> *Nabucodonosor, el Rey de Babilonia, edificó obras arquitectónicas que fueron clasificadas entre las Siete Maravillas del Mundo. Aún así,*

alabó la soberanía del Altísimo. Cuyo dominio [el de Dios] es sempiterno, y SU reino por todas las edades... Y él hace según SU voluntad en el ejército del cielo, y en los habitantes de la tierra. Y no hay quien detenga su mano...
Daniel 4:34-35

Soberanía divina significa que Dios es aquel que se sienta en el trono del universo. Él es Dios en nombre así como en todas las cosas, dirigiendo todas las cosas, y *"el que hace todas las cosas según el designio de SU voluntad" (Efesios 1:11).*

En medio de la aflicción que Dios permitió en su vida, Job reconoce la grandeza y esplendor de Dios en contraste con su propio orgullo y pecado. *"Yo conozco que todo lo puedes, y que no hay pensamiento que se esconda de ti" (Job 42:2).* Finalmente, Job reconoce que los propósitos de Dios son supremos y que Él es soberano.

El gobierno de Dios sobre la naturaleza

La idea de un Dios ausente no es tan obvia con respecto a la naturaleza, la primera de las tres áreas principales creadas por Dios.

La gran interrogante sobre la naturaleza, que fuera hasta planteada por los primitivos filósofos griegos y que también hoy se plantean los científicos contemporáneos, es ¿por qué la naturaleza opera según determinados patrones y al mismo tiempo está en continuo cambio? Nada es nunca lo mismo. Los ríos fluyen, las montañas se elevan y descienden, las flores brotan y se marchitan y mueren, el mar está siempre en constante movimiento. Empero, en cierto sentido todo permanece igual.

La experiencia de la naturaleza de una generación es similar a la experiencia de miles de generaciones que la han precedido.

La ciencia busca explicar esta uniformidad haciendo referencia a las leyes de la probabilidad o las leyes del movimiento browniano (según la cual las partículas se mueven en distintas direcciones por azar). Pero estas explicaciones son insuficientes. Por ejemplo, de acuerdo con esas mismas leyes de la probabilidad es bastante posible que en determinado instante todas las moléculas de un gas o un sólido (o la gran mayoría de las moléculas) se muevan en la misma dirección en lugar de moverse en cualquier dirección por azar; en dicho caso, esa sustancia dejaría de ser lo que es y las leyes de la ciencia con respecto a ella no serían operantes.

¿De dónde es posible que provenga esta uniformidad si no proviene de Dios?

La Biblia nos dice que esta uniformidad proviene de Dios cuando nos habla de Cristo como *"quien sustenta todas las cosas con la palabra de su poder" (He 1:3)* y nos dice que *"todas las cosas en Él subsisten" (Col 1:17).*

El punto que tenemos que tener presente es que la providencia de Dios subyace debajo del mundo ordenado que conocemos. Esa fue la idea primaria en las mentes de los autores del Catecismo de Heidelberg cuando definieron la providencia como *"el poder de Dios, siempre presente y que todo lo puede, mediante el cual todavía sostiene como si fuera en SUS manos al cielo y la tierra con todas SUS criaturas, y gobierna de manera tal que las hojas y la hierba, la lluvia y la sequía, los años de abundancia y los años de escasez, el alimento y la bebida, la salud y la enfermedad, la riqueza y la pobreza, y todo lo demás, nos llegan no por azar sino de SU mano paternal".*

Quitemos a la providencia de Dios de la naturaleza, y no sólo desaparece todo sentido de seguridad, el mundo desaparece, el cambio sin sentido pronto sustituirá al orden.

Lo mismo es cierto con respecto a la sociedad humana. También aquí vemos gran diversidad y cambio.

Pero, nuevamente, nos encontramos con patrones para la vida humana y límites fuera de los cuales, por ejemplo, a la maldad no le es permitido acceder. Pink observa, en su estudio sobre la soberanía de Dios:

> *Para desarrollar este argumento, supongamos que cada hombre llega a este mundo provisto de una voluntad que es absolutamente libre, y que es imposible obligarlo o coaccionarlo sin destruir su libertad. Digamos que cada hombre posee un conocimiento del bien y del mal, que tiene la posibilidad de elegir uno u otro, y que es enteramente libre de hacer su opción y continuar su camino. ¿Entonces, qué? Deducimos que el hombre es soberano, porque hace lo que le place y es el arquitecto de su*

propio futuro. Pero en dicho caso no podemos tener la seguridad de que muy pronto el hombre rechace el bien y elija el mal.

En dicho caso no hay nada que nos garantice que la raza humana en su totalidad cometa un suicidio moral. Si se desplazan todas las restricciones divinas y el hombre queda absolutamente libre, e inmediatamente desaparecen todas las diferencias éticas, el espíritu del barbarismo prevalecerá en el universo y el caos será completo[13].

SU gobierno sobre el mundo de los espíritus

De la misma manera, Dios ejerce SU gobierno sobre el mundo de los espíritus.

Los ángeles están sujetos a SUS órdenes expresas y se regocijan cuando son llamados a cumplir SU voluntad.

Los demonios, aunque en rebelión, todavía están sujetos a los decretos de Dios y a SU mano poderosa.

Satanás no pudo tocar a Job, el siervo de Dios, sin la autorización de Dios, e incluso con su permiso, Dios le fijó ciertos límites que no podía sobrepasar:

He aquí, todo lo que tiene está en tu mano; solamente no pongas tu mano sobre él... Job 1:12

He aquí, él está en tu mano; mas guarda su vida... Job 2:6

El gobierno de Dios sobre las personas

El punto que más debería interesarnos, sin embargo, no es el gobierno de Dios sobre la naturaleza o sobre los ángeles. Debería ser cómo opera la providencia de Dios en los seres humanos, y especialmente cuando decidimos desobedecerle.

No habrá, por supuesto, ningún problema con la providencia de Dios en los asuntos de los hombres, si los hombres le obedecen. Dios simplemente declara lo que quiere que se haga, y se realiza voluntariamente ¿Pero qué sucede cuando desobedecemos? ¿Y qué sucede con el número tan grande de personas no regeneradas que aparentemente nunca obedecen a Dios voluntariamente? ¿Acaso Dios les dice: *"Bueno a pesar de vuestra desobediencia yo les amo y no deseo insistir sobre nada que les resulte ingrato; olvidémonos de mis deseos"*?

Dios no opera de esa manera. Si lo hiciera, no sería soberano.

Por otro lado, Dios no siempre dice: *"Lo haréis; y, ¡os aplastaré para que lo hagáis!"*

¿Qué sucede cuando decidimos no hacer lo que Él quiere que hagamos? La respuesta básica es que Dios ha establecido leyes para que gobiernen la desobediencia y el pecado, de la misma forma que ha establecido leyes que gobiernan el mundo físico.

Cuando las personas pecan, por lo general creen que lo hacen según sus términos. Pero Dios les dice, en efecto: *"Cuando desobedezcan, lo harán según mis leyes y no las propias"*. En el primer capítulo de Romanos tenemos un ejemplo general sobre esto.

Luego de haber hecho una descripción sobre cómo el hombre natural no puede reconocer a Dios como el verdadero Dios,ni lo puede adorar ni agradecer por ser el Creador, Pablo nos muestra cómo dicha persona toma un sendero que la aleja de Dios y que la lleva a sufrir nefastas consecuencias, incluyendo su propia degradación.

> *Profesando ser sabios, se hicieron necios, y cambiaron la gloria del Dios incorruptible en semejanza de imagen de hombre corruptible, de aves, de cuadrúpedos y de reptiles.*
> *Rom 1:22-23*

Y luego viene la parte más interesante de este capítulo. Tres veces en los versículos siguientes leemos que por causa de su rebelión "Dios los entregó".

Estas palabras son terribles. Pero cuando nos dice que Dios los entregó, no nos dice que Dios los entregó a la nada, como si simplemente los hubiera soltado de su mano y los hubiera dejado a la deriva.

En cada uno de estos casos nos dice que Dios los entregó a algo: en el primer caso, *"a la inmundicia, en las concupiscencias de sus corazones, de modo que deshonraron entre sí sus propios cuerpos" (vs. 24)*; en el segundo caso, *"a pasiones vergonzosas" (vs. 26)*; y en el tercer caso, *"a una mente reprobada, para hacer cosas que no convienen (vs. 28).*

En otras palabras, Dios permitirá que los infieles sigan su propio camino, pero en SU sabiduría ha determinado a dónde han de dirigirse, según SUS reglas y no las suyas propias.

Cuando no controlamos nuestros enojos ni nos preocupamos por nuestra presión, el resultado son úlceras o presión sanguínea alta.

El final del camino de una vida de libertinaje son vidas arruinadas y enfermedades venéreas. El orgullo es autodestructivo. Estas leyes espirituales son el equivalente de las leyes científicas que rigen el mundo físico de la creación.

Este principio se cumple para los no creyentes, pero también se cumple para los creyentes.

En el Antiguo Testamento, la historia de Jonás nos enseña cómo un creyente puede desobedecer a Dios, con tanta determinación que es necesaria una intervención directa de Dios en la historia para que se vuelva sobre sus pasos.

Pero cuando un creyente desobedece, sufre las consecuencias que Dios, ya ha establecido en las leyes que gobiernan la desobediencia. Jonás había sido encomendado a llevar un mensaje de juicio a Nínive. Era similar a la Gran Comisión que ha sido encomendada a todos los cristianos, porque se le dijo:

> *Levántate y ve a Nínive, aquella gran ciudad, y pregona contra ella: porque ha subido su maldad delante de mí Jon 1:2*

Pero Jonás no deseaba cumplir con el mandato de Dios,

de la misma manera que muchos cristianos contemporáneos tampoco desean cumplir con el llamado divino. Y fue así que tomó en dirección contraria, embarcando en un barco desde Jope, en la costa de Palestina, hacia Tarsis, que posiblemente fuera un puerto en la costa de España.

¿Tuvo éxito Jonás? De ningún modo.

Ya sabemos lo que le sucedió. Tuvo problemas cuando Dios tomó medidas drásticas para hacerlo volver.

Después de haberlo tenido Dios tres días en el vientre de un gran pez, Jonás decidió obedecer a Dios y ser su misionero.

La providencia de Dios[14] no nos relega de nuestra responsabilidad. Dios obra a través de diversos medios (por ejemplo, la integridad, el trabajo duro, la obediencia, la fidelidad del pueblo cristiano).

La providencia de Dios no nos libera de la necesidad de hacer juicios sabios y de ser prudentes. Por otro lado, sí nos libera de la ansiedad que podemos sentir en el servicio de Dios.

Y si la hierba del campo que hoy es, y mañana se echa en el horno, Dios la viste así, ¿no hará mucho más a vosotros, hombres de poca fe...
Mt 6:30

La doctrina de la providencia, lejos de ser motivo para la autocomplacencia, el compromiso, la rebelión o cualquier otro pecado, es en realidad un suelo firme para la confianza y un incentivo a la fidelidad.

Calvino nos ha dejado sabios consejos sobre este tema.

Como consecuencia de este conocimiento podemos tener gratitud en nuestras mentes por el resultado favorable de todas las cosas, paciencia en la adversidad, y estar increíblemente ajenos a toda preocupación con respecto al futuro. Por lo tanto, cuando el siervo de Dios sea prosperado o cuando se cumplan los deseos de su corazón, todo se lo atribuirá a Dios, haya sentido la beneficencia de Dios por medio del ministerio de los hombres, o haya sido ayudado por criaturas inanimadas. Así razonará en su mente: ciertamente es el Señor quien le ha inclinado su corazón hacia mí, quien lo ha ligado a mí para que sean instrumentos de su bondad[15].

Notas

1- ...en amor habiéndonos predestinado para ser adoptados hijos suyos por medio de Jesucristo, según el puro afecto de SU voluntad... Ef 1:5 (RVR1960)

2- ...para alabanza de la gloria de SU gracia, con la cual nos hizo aceptos en el Amado. Ef 1:6 (RVR1960)

3- *(igual a nota 1)* ...en amor habiéndonos predestinado para ser adoptados hijos suyos por medio de Jesucristo, según el puro afecto de SU voluntad... Ef 1:5 (RVR1960)

4- *(igual a nota 2)*...para alabanza de la gloria de SU gracia, con la cual nos hizo aceptos en el Amado Ef 1:6 (RVR1960)

5- Por tanto, mirad por vosotros, y por todo el rebaño en que el Espíritu Santo os ha puesto por obispos, para apacentar la iglesia del Señor, la cual él ganó por su propia sangre. Hechos 20:28 (RVR1960)

6- Aunque majes al necio en un mortero entre granos de trigo majados con el pisón, No se apartará de él su necedad. Proverbios 27:22 (RVR1960)

7- Ascetismo.- Actitud moral o religiosa. Mediante la mortificación pretende llegar a la superación de las tendencias sensibles, del placer y del dolor, y cultivar únicamente los caminos del espíritu. http://es.thefreedictionary.com/ascetismos (Accesado Julio 28, 2014)

8- Sanctification By J.I. Packer chapter from Concise Theology published by Tyndale House Publishers

9- La santificación por Luke L. Keefer, Jr.

La santificación significa "ser apartado para Dios." Dos ideas básicas y correlacionadas se contienen en esto. Una es la consagración en la que los cristianos deben considerarse a sí mismos la propiedad de Dios, comprados por el precio de la sangre de Cristo (1 Corintios 6:19, 20). Ellos deben dedicarse a sí mismos a hacer Su voluntad en todos los aspectos de sus vidas. Desde el tiempo de su conversión hasta que ellos entren en el mundo de la eternidad, ellos son los siervos de Dios para hacer el trabajo que Él les asigne para el bien de Su reino. http://www.bic-church.org/about/issues/spanish/sanctificacion.asp (Accesado Julio 28, 2014)

10- ...hasta que todos lleguemos a la unidad de la fe y del conocimiento del Hijo de Dios, a un varón perfecto, a la medida de la estatura de la plenitud de Cristo Efesios 4:13 (RVR1960)

11- Santificación, Santificar (definición) © Copyright. Amen-Amen, Inc., 1997-2014. http://www.amen-amen.net/estudiosbiblicos/santificacion.htm (Accesado Julio 28, 2014)

12- La Soberanía de Dios http://www.allaboutgod.com/spanish/soberania-de-dios.htm (Accesado Julio 23, 2014)

13- Pink, The Sovereignty of God, pp. 42-43.

14- Iglesia Reformada | La Providencia de Dios. http://www.iglesiareformada.com/Boice1.18.pdf (Accesado Julio 23, 2014)

15- Calvino, Institutos, pp. 219-220.

Festivales

El festival *República de Gozo*™ es una celebración en grande, con arte, cultura, música y mucho más. Es un festival de vida que no es religioso sin embargo celebra y exalta a Jesucristo.

En un ambiente sano, para la familia con kioscos y talleres diarios con ayuda inmediata y programas de larga duración se hace un trabajo social responsable que dejará resultados en el área cubierta. Esto acompañado de conciertos y presentaciones que traen verdadero gozo y nos muestran el propósito para el cual fuimos creados.

Cada noche se lleva a cabo una concentración masiva donde se entrega el mensaje de salvación y esta es seguida por un concierto donde jóvenes y adultos se unen a celebrar y adorar a Jesucristo.

Entrenamiento

En la *Escuela de Evangelismo Creativo*™ el objetivo es enseñar a comunicar el Evangelio de Jesucristo por medios originales y creativos que envuelven música, artes, deportes, cultura o cualquier otro elemento imaginativo así como entrenar nacionales para discipular a los nuevos creyentes, resultados de cosecha del festival.

Desde la preparación de un festival (meses antes del evento) hasta el seguimiento (meses después del evento), los evangelistas de la *Escuela de Evangelismo Creativo*™ toman parte activa en la propagación del Evangelio en su respectiva ciudad.

Misiones Humanitarias

Una misión humanitaria une a aquellos que han sido grandemente exitosos con los menos privilegiados de la sociedad. Por este medio, nos enfocamos en los pobres de cada ciudad o región, aquellos que han sido dañados por alguna catástrofe, o simplemente han crecido en un ambiente que carece de oportunidades.

El alcance consiste no solo en el auxilio rápido a una necesidad inminente. También organiza programas no solo para ayudar al que tiene hambre, sino que aparte de eso, lo involucra y enseña poniendo en sus manos herramientas para que se pueda valer por sí mismo y le educa para sacar a su familia hacia una mejor forma de vida.

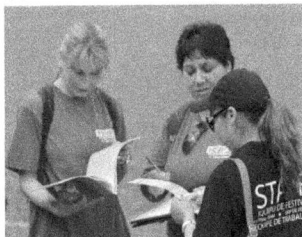

¡Toma un equipo para levantar una cosecha!

Las preparaciones para un festival toman meses. En la semana del evento el equipo llega a trabajar con los oriundos en entrenamiento y preparando a las iglesias para el impacto, además de toda la logística en estadio.

Amando a la ciudad

Antes que comience un festival, miembros del equipo visitan y ministran en escuelas, orfanatos y áreas de pobreza y grande riezgo donde la misión humanitaria tomará lugar. Además equipos de evangelismo trabajan en las calles de la ciudad.

Equipando a los oriundos
Cuatro semanas antes de un evento, la *Escuela de Evangelismo Creativo*™ es llevada a cabo. Los nacionales son entrenados con el material de *Transformación de Ciudad*™ que incluirá 12 semanas de seguimiento y discipulado una vez terminado el festival. Además de crear una cultura de evangelismo en la ciudad, ellos aprenderán a como cuidar a los nuevos creyentes.

Intercambio Cultural™

En el festival, el *Intercambio Cultural*™ une talentos nacionales e internacionales en la gran plataforma, con música, drama, danzas folcróricas y muchas otras artes.

Festival de Niños

Mimos, payasos, danzas y muchas otras formas creativas de presentar las buenas nuevas a los niños son usadas por miembros del quipo provenientes de otros países trabajando con los nacionales.

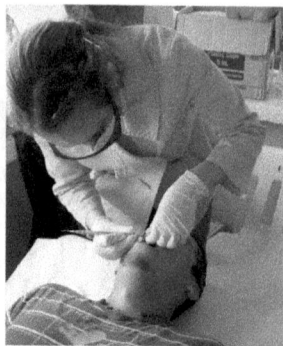

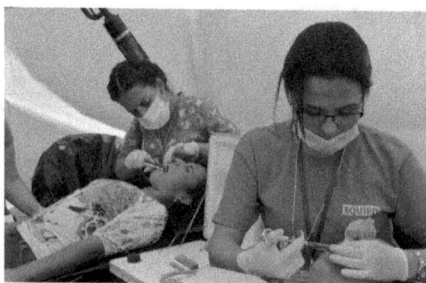

Trabajo Humanitario

En cada evento, Doctores en medicina, Odontólogos, y Consejeros familiares sirven juntos a los necesitados de la ciudad. Durante el día —en el estadio— estos asisten en carpas a las necesidades, no solo físicas, también espirituales. Muchos vienen a Cristo durante el día, lo cual forma gran parte de la cosecha general. Demostrar el amor de Cristo por medio de servicio práctico es un elemento clave en un alcance de ciudad.

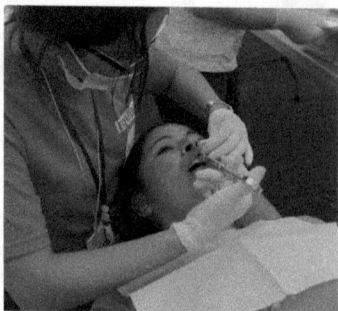

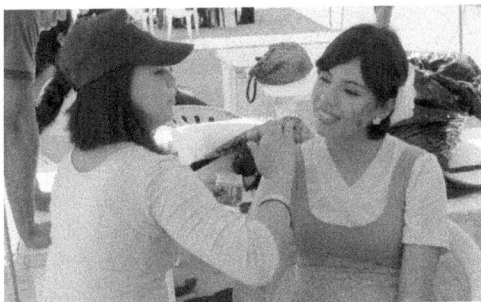

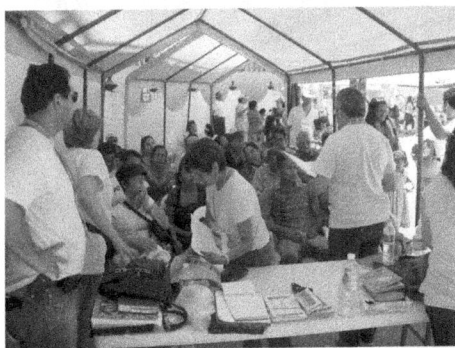

Ministerios Específicos

Carpas con talleres para la familia, madres solteras, mujeres maltratadas, adicciones, etc... operan durante el día en el estadio. El mensaje de Cristo es presentado y muchos son alcanzados de esta manera. Nuestra meta es siempre alcanzar a todas las audiencias y generaciones categorizadas por interes y grupos de edades.

Proclamación
JA Pérez entrega el mensaje y hace el llamado cada noche. Cientos pasan a recibir a Cristo y esto es seguido por la integración donde todos los estudiantes que han sido entrenados en la EEC los recibirán por zonas para llevarlos a las iglesias y ocuparse de sus necesidades inmediatas.

La Cosecha

Cuendo una ciudad o provincia es impactada, con frecuencia gobernantes y líderes nacionales —senadores y congresistas— asisten al evento y reconocen el movimiento, pero los frutos mayores del proyecto completo son las miles de vidas que son transformadas por el poder del evangelio. Ese es el principal propósito de todo — predicar a Cristo.

Otros libros por JA Pérez

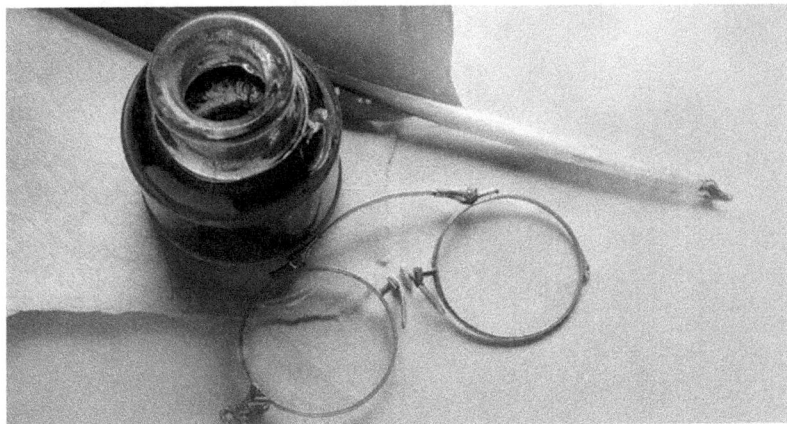

JA Pérez ha escrito más de 25 libros y manuales de entrenamiento. Todos sus libros están disponibles en Amazon.com así como el librerías y tiendas mundialmente. Libros con temas para la familia, empresa, liderazgo, economía, profecía bíblica, devocionales, inspiracionales, evangelismo y teología.

Profecía Bíblica

Devocionales

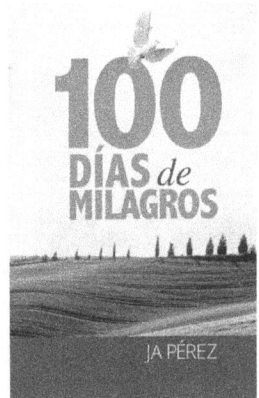

Discipulado para Nuevos Creyentes y Estudios de Grupos

Liderazgo, Gobierno y Diplomacia

Inspiración y Creatividad en Liderazgo

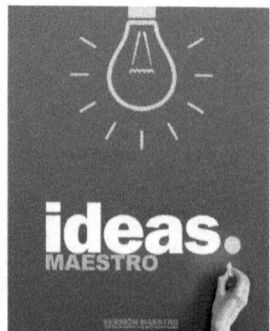

Vida Cristiana, Crecimiento, Principios de Vida y Relaciones

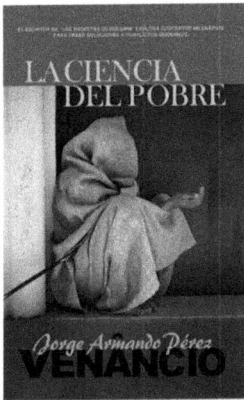

LA CIENCIA DEL POBRE
Jorge Armando Pérez
VENANCIO

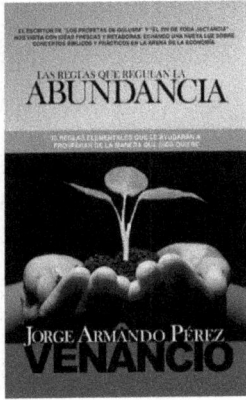

LAS REGLAS QUE REGULAN LA ABUNDANCIA
JORGE ARMANDO PÉREZ
VENANCIO

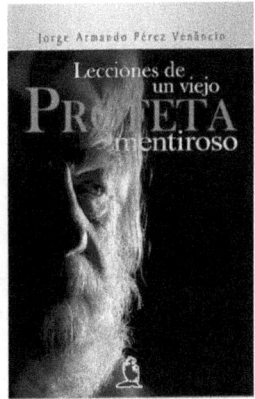

Jorge Armando Pérez Venâncio
Lecciones de un viejo PROFETA mentiroso

EL FIN de TODA JACTANCIA
EXALTANDO LA COMPLETA OBRA DE JESUCRISTO

Las Suegras
7 pasos para mejorar las relaciones entre nueras y suegras
Jorge Armando Pérez Venâncio

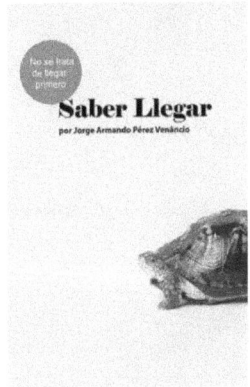

No se trata de llegar primero
Saber Llegar
por Jorge Armando Pérez Venâncio

Ficción, Historietas

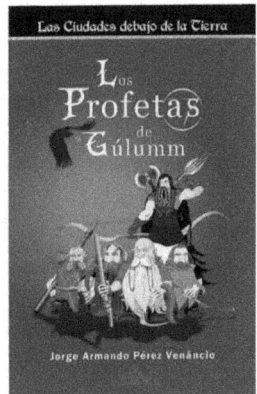

Las Ciudades debajo de la Tierra
Los Profetas de Gúlumm
Jorge Armando Pérez Venâncio

Evangelismo

Colaboración

English

Evangelism and Collaboration

Contacte / siga al autor

Blog personal y redes sociales

japerez.net

@japereznow

facebook.com/japereznow

Asociación JA Pérez

japerez.org

agenda@japerez.org

Keen Sight Books